CAPRICHO ESPAÑOL

José Carlos Turrado de la Fuente

CAPRICHO ESPAÑOL
Primera Edición 2024

© José Carlos Turrado de la Fuente 2024

© Ediciones Rilke.
http://www.edicionesrilke.com
editorial@edicionesrilke.com
C/Dr. Fleming Nº 50, 4ºD
28036 Madrid
Teléfono: 34 91 999 13 12

ISBN-13:978-84-18566-46-2

Depósito Legal: M-22693-2024

CAPRICHO ESPAÑOL

JOSÉ CARLOS TURRADO DE LA FUENTE

Cuando yo era niño, hablaba como niño, pensaba como niño, juzgaba como niño; mas cuando ya fui hombre, dejé lo que era de niño. Ahora vemos por espejo, oscuramente; mas entonces veremos cara a cara. Ahora conozco en parte; pero entonces veré como fui conocido. Y ahora permanecen la fe, la esperanza y el amor, estos tres; pero el mayor de ellos es el amor.

Pablo de Tarso

1

Al alción le cristaliza su plumaje
el estanque de Artemisa ballestera,
los trabajos y los días se aguirnalda
a la solfa de la brisa y la libélula;
un vitral con cien mil gestos de colores
al cenit divino el ábaco le cuenta,
y la guía de los cantos de las aves
emparenta con modal de primavera;
di qué ultraje ha cometido este zagal
y qué oprobio te ha causado, qué perjuicio,
qué justicia hay en guardar tanto el pudor
y qué lustre y bruño, fruto y beneficio
se obtendrá de mi holocausto y de mi muerte;
me arrepiento, si lo pides, si lo exiges,
si es principio y enseñanza en el amor,
pero broten de mi cuerpo los jazmines.

2

¿Quién podría ser malvado
en un florido jardín?
¡Qué sistema tan curioso
del perito que medir
sabe bien, con buen sentido,
la riqueza de un país!
¿La riqueza en el dinero?
¡Vamos, no me hagan reír!
Si hay mañana, si hay futuro,
lo será de jardinero,
no me llamen soñador,
que esto que digo es tan cierto
como el macizo dolor
del dígito y el acero.
Si buscan tener trabajo
entiendan este consejo.

3

Litigas tan querulante
por el día y tan porfiada…
¿quién podría imaginarte
nocturnal y almibarada?;
tan rahez a pleno sol,
tan soez es tu jornada,
por la noche eres azúcar,
que hasta instigas la risada:
tu "¡cabrón!" torna en "amor",
tu "¡hijoputa!" en "primor mío",
tu "¡cojones!" es "clavel"
y tu "¡coño!" es "queridito";
¡si ya lo sabía yo!,
que eras sólo un angelito
que se finge una mantícora
porque el mundo es duro y frío.

4

Qué placer viajar en tren
como hiciera tanto, joven,
"no regreses, no regreses",
me sugieren los vagones.
A recuperar Italia
parto yo, no hay vacaciones,
y la llanura pavana
aguarda ya a mis legiones.
Serán *dolce* aquesta vez
por Pavía mis tambores,
deleitable traigo guerra
y son flautas mis mandobles.
Las fortalezas lombardas
bailarán el pasodoble,
que a todo un Milanesado
viajo yo a hacerle la corte.
Con tercetos de mis tercios
descerrajaré a primores
las murallas, ¡bella Luca,
Verona, Mantua y Riccione!
¿A una doncella romana
colmaré con atenciones,
entre los dos rejerías
con geranios y arreboles?,
¿a Campania bajaré,
donde tantos españoles
anduvieron tan triunfantes
por acernadadas moles?
¡Ay, qué bonita que es Francia,
toda verde y rica en flores!,
"no regreses, no regreses",
y Niza en el horizonte.

5

No puedes salvarte sola,
eso le compete a Dios,
y si acaso no existiere
de la Nada es decisión;
yo lo noto en la Presencia,
se conoce que tú no,
que teniéndolo delante
no lo ves, ¡más atención!
Pero en fin, vuelvo al principio,
que es lo innegable tal vez,
el alma es menesterosa,
es la presa, no es el juez,
que no es cosa de derecho,
simplemente de poder,
por eso yo no discuto
ni golpeo la pared.

6

Sesteas, lo sé yo, en las sobremesas
con tu gato angorino en el regazo;
no pido tanto, que tu "no te quiero"
hasta yo sé entenderlo y acatarlo,
y asumo, cómo no, que en tu entretela
suscítote desprecio, arcada y asco,
¡si hasta yo mismo igual siento y padezco!,
¡si finta consiguiera a mi contacto!
Lo mimas, eres buena y cariñosa,
por eso, no te ofendas, he pensado
mandarte un ejemplar del florilegio,
es gratis, quizá aceptes hojearlo.
¿Que no?, ¿que me lo meta por el culo?,
¿que no pierda tu tiempo tan escaso?;
entiendo, sigo un curso de solfeo,
mi vida, me mantengo esperanzado,
¿quién puede pervivir sin esperanza?,
artes son siete y sólo llevo cuatro.

7

¿Quién ha osado alguna vez
pervertirte en diversiones?
Divertida eres, *of course*,
el menor entre tus dones,
bella niña de Alicante,
compañera de mis viajes,
si ésa fuera tu destreza
¿por qué habría de alabarte?
Confinarte como ingenio
supondría degradarte,
no paras en artesana,
médulas eres del arte,
si rimo es a tu dictado
sabio y limpio, ciencia y mito,
Afrodita levantina,
Atenea y Circe y Clío.

8

Verá, joven, aprecie este consejo,
si aspira usted a ser un caballero,
no digo que no importe, no es tan fácil,
pero no escoja a la mujer modelo
del atractivo fútil, de apariencia,
antigua perdición del lucio y menso;
elíjala por dama, es consabido,
la libertad se juega usted en ello:
"dama" quiere decir 'discreta, libre,
prudente', que es principio ineluctable,
por lo demás, si es dama verazmente,
ya bien ella en su cuerpo proyectarse
habrá sabido cuerda, inteligente,
puedo añadir algún rasgo frecuente:
es franca, escuchadora, y su sonrisa
es dulce, acogedora, y es silente.

9

Con el néctar del durazno en comisuras
tú te ríes en el huerto veraniego
de mi rústica alquería castellana
y comentas con tu voz, que es toda albura,
que no puede haber placer más lisonjero
que aquel sol que de dulzor es fresca llama;
tú de jade, yo de amores lo deniego
y te ruego un beso del sedeño labio
donde perlas hay de arrope confitado:
¡si supieras, tú, mi amada, tú, mi credo,
cuánto hay gozo en el rozarte el entusiasmo
con mi lengua nueva de hombre enamorado!

10

¡Claro!, me ves a mí, y eres atea,
mas yo te veo a ti, yo creo en Dios,
¡qué injusto este reparto de tareas!,
perdón por acercar tu perdición.
Yo duermo so dosel de muselina
y tú sobre yacija en el rastrojo,
rompo el ayuno con manjar y néctar
y tú con bilis, huesos y despojos,
mi cielo es un pradal de primavera,
el tuyo un arrabal de sombra y ruina,
resido en un palacio de oro y jaspe
y tú directa al sol, desprotegida.
Quisiera intercambiar nuestro destino,
merezca yo tu puesto en el Infierno,
pero ya sabrá Dios premiar tu suerte,
por algo has de llevarlo ahí, en el gesto.

11

Los éremos de extrañas solterías
infátuanme, curioso este animal,
tus írices me frustran, me acomodo,
las lágrimas me clavo de cristal;
perdón por este eructo, este rebuzno
que siento como voz pentecostal,
ya sé que tus oídos de otro mundo
inmunda, vil calumnia, escucharán.
Las Furias varicosas por mis piernas
son premio, ságula sacerdotal,
¿no fue Sant'Angelo sede de un Papa?,
¿por qué no me tendrías que expatriar?
A veces juego a que eres un invento
y emerge de la Nada la verdad,
pero recapacito, soy adulto,
y nadie me ha querido preguntar.

12

Huerfanita, víctima de una plaga,
hoy vengo a confesarte mis amores,
olvida ecosistemas de dolores,
vuela, paloma, sánese la llaga;
sisella en día, por las noches maga,
en medio te he ingeniado mil colores,
transmútanse en deleites estertores,
en pétalos, y medre Flora briaga;
el fin del mundo pronto pasará,
¿seré premiado con el don de amarte?,
mi diosa, *hélas!*, en fin, Dios nos dirá;
mirarte, verte, amor, tocar, besarte,
¿serán quimeras o no lo serán?;
y mientras me consuelo con pensarte.

13

Gala su cotidiana fimbria franca,
de dama de flamantes tradiciones,
al fondo del vagón, sola y silente,
cortés sabe acoger las atenciones;
se baja en Carcasona y yo con ella,
la ciudadela al fondo en el ocaso,
en búcaros claveles y gardenias
y límpidas las sábanas de raso;
legítimo entre dos es el secreto,
que buscará el topónimo, es la clave,
cuando descansan tras danzas de amores
sobre la cama en nube noche suave;
¡cuánto sabe la dama ser feliz
cuando es veraz, es dama en sus esencias!,
privada está la loca de las dichas,
¡qué libre es la mujer!, cuando es discreta.

14

¿Qué fui? ¿Fui yo la bizma?,
¿la cura te doné estando cansada?,
me temo que el dolor
quizá causé, más que la edad dorada;
¿fui yo una panacea
o un tósigo letal, una estocada?,
¿fui cálida ambrosía
o un sórdido pasaje hacia la Nada?
En las tumbas de Tebas
yo reino, intuyo en ellas la respuesta,
por más que mi intención
sea imposible concebir más buena.
Mejor, no me recuerdes,
omite mi demanda, sé serena,
no escuches mis canciones,
más sabe de sanar Naturaleza.

15

Me haces sentir importante,
y no es sólo un sentimiento,
que el amor es el garante
y no vacua obra de viento,
tónica me das tu acento,
atento, fiel y constante,
a tu vera es incesante
la certeza del portento.
A tu lado estoy dormido,
incluso tan distraída
tiene mi mente sentido
y no pierdo yo la vida;
te la concedo ofrecida,
¡ay, quién fuera tu marido!,
¡cuánto aquel loco ha perdido
por quererte poseída!

16

Macero yugulado,
se quejan estas hebras tan entecas,
por el campo pelado
arrastro piernas secas
al paso que mis sesos hieren ruecas,
llagado de sarcasmo,
sediento por ignaras ironías,
me enjugo el hesicasmo,
diez mil día tras día,
desmemoriado y las tripas vacías,
y me sé penitente,
pero ya no sé cuál fue mi pecado,
debió de ser ingente,
mortal, avilantado
a tal extremo que me ha condenado;
¡oh, Dios!, ¡revela cuál!,
¿acaso peco por no recordarlo?,
debió de ser fatal,
tiro por enmendarlo,
pero quizá consigo empeorarlo.

17

¿Por qué existe la desgracia?
¿De verdad me lo preguntas?
¡Si es la esencia de esta vida!,
¡a leer, niña confusa!
Si hay sentido en el vivir
sólo lo hay si éste depura,
para eso hay que sufrir,
calla ya, y ahora disfruta.
Si te dejo yo una rosa
en la almohada esta mañana
es porque huele muy bien,
y te gusta, no me engañas,
y de paso te recuerdo
que te quiero y en tu hazaña
no estás sola, estoy contigo,
también Dios, que te regala
el perfume de esta flor,
compañero y esperanza,
en fin, la felicidad,
¡cuál deleite esta enseñanza!

18

Mientras tu busto esculpo acongojado
un brujo me maldice, adiós, mi vida,
en tanto te cincele más bellida
mayor será el futuro infortunado;
ya pueda el rostro, el cuello y el perlado
satén del seno ser beldad querida,
serán la losa estéril de un suicida
que solo irá al Infierno, enamorado.
Endemoniado rezo a tu figura,
arrodillado, manos enlazadas,
disueltas ilusiones por hechura;
retumban las plegarias ignoradas,
la cripta de mi amor es flébil hura
donde se pudren dichas fracasadas.

19

El envidioso enflaquece
de aquello que al otro engorda,
el viento a mí me estremece
tras esta ventana sorda
de una torre, de la Umbría,
donde un eco de la Etruria
susurra por mente adentro
memorias de damas rubias.
Tres noes junto a una hoguera
dibujo en un pergamino,
el no de un planeta entero
que es pronto el no del destino,
luego el no de la belleza,
luego el no es sabiduría,
"¿por qué a mí?", mientras, recito
al son que perece el día.

20

Ni me acuerdo de haber sido
inferior a como soy,
transitando entre tabernas
desprovisto de razón,
no puedo, claro, ya anciano
celebrarme mi tesón,
encontrarme la virtud,
si en mi pecho ella venció.
Demonio es la soledad
que las virtudes ignora,
las deniega entre silencios
y al alma entera desdora,
y la frustración impone,
un señor sin su señora
difícilmente hallará
ni una luz entre las sombras.

21

Ser fiel a Dios es fácil para mí,
consiste en atraerte acá, a mis estros,
brillan como diamantes las estepas
y brota un manantial de este desierto,
polido el corazón es purpurado
por la fruta aromada de tu gesto,
morada es del amor este planeta,
sutil mota de polvo en firmamento,
vacío el cosmos por el privilegio
de ser tu residencia estos parajes
que acondiciona tu grácil presencia,
purgada de la Nada y sus ultrajes;
¡cómo ser alevoso desertor
cuando es tan claro, nítido el mensaje!
Me abandonaste, sí, mas el recuerdo
es suficiente credo que dejaste.

22

Es verte de perfil
y vuélvome yo loco,
quiero verte de frente,
¡qué cántico, apogeo, qué alborozo!;
a mí llega tu voz
y por el barrio corro
gritando un cantoral,
de pronto este jamelgo vuelve a potro;
di tú, ¿qué es un hogar?,
al fin… ¿no es un retorno?,
aprendo hoy a besar
como un doncel novel y fuerte mozo.

23

Cumpliendo penitencias
como mazazos años van pasando,
resabios de sentencias
yo voy acumulando
conforme a achaques sigo aquí añejando,
en este seco coso
donde las lidias cicatrices dejan,
suturas sin reposo
dolientes, que no cejan
en su perfidia y mi cuerpo manejan;
mas a decir verdad,
con ser las penitencias tan patentes,
al curso de la edad
ya no tengo presentes
pecados que limpiar tan indecentes,
debí de ser fatal,
debió de ser terrible el mal causado,
pero ya no sé cuál
y ya me he acostumbrado
a ser esclavo, hambriento y maltratado.

24

Amo escuchar a los niños,
son lustrales sus palabras,
pero a ustedes, los adultos,
¿tolerarles las chorradas?
El antintelectualismo
de esta jarca, altiva esclava,
restos de mundos carroña,
tan campante, a dentelladas.
¡No calléis, amigos míos!,
¿por qué el miedo y la escapada?,
¡atronad y trague el menso
sus maléficas pijadas!
¡Vuelve, vuelve, autoridad!,
no es capricho, es necesaria,
vuelva a su lugar el justo
y el estúpido a su rama.

25

¡Tanto viaje! Soy un viejo de pueblo,
en mi casona hay vasos de latón,
delátame la boina, el peltre, el boj,
aliento deletéreo al aire fresco.
Por estos mis paisajes deletreo
el nombre de la ninfa que rehuyó
delicuescente al fauno que durmió
la vida sin cazarla, sin trofeo;
por hoy, por estos miembros proditores
tus letras se me imponen eremitas,
tu tilde me carcome cual termita,
macabros procesionan mil dolores;
fantasma, por mi casa, por las noches
silente como un búho tú caminas,
siquiera sé si has muerto o estás viva,
y es que qué más darán mis mil reproches;
si sueño, sueño yo que me aborreces,
aunque ya sé que es pura fantasía,
que no piensas en mí ni con perfidia
y la justicia zozobró sin jueces.
¿Consuélame tu espectro inapetente?,
incluso el miedo niega compañía,
¿por qué mi alma se niega y no te olvida?,
¿me daré cuenta el día de mi muerte?

26

Estoy haciendo tiempo hasta morirme,
¿qué te puedo ofrecer?, no tengo nada,
por ti tengo ilusión, pero, mi amada,
con eso no se vive y es más firme
la amante convicción de que sentirme
amado yo por ti es una humorada,
tú te mereces todo y condenada
a mí yo no te quiero. Es mejor irme.
Rehúyo tu mirada electrizante,
intento ser mediocre y ser vulgar,
que salgan de mi voz banalidades,
no vayas a sentir ni en un instante
cuán honda es mi pasión, que tú has de hallar
una vida cabal con tus beldades.

27

¿Quién me cura la fatiga?
¡Mi amiga!
¿Quién dignifica la Nada?
¡Mi amada!
¿Por quién viene ser constante?
¡Mi amante!
Amiga, amada y amante,
fecundas mi inerte vida,
yo te la ofrezco servida,
rosa, soneto y diamante.
¿Cuándo es monarca el fantoche?
¡De noche!
¿Qué eres tú en mi poesía?
¡El día!
Muerte es la vida, mujer…
¡Placer!
Noches para ennoblecer,
días para trabajar,
placer son por transitar
tus honduras de mujer.

28

¿Para qué sirve la vista?,
para verte a ti, mi amada,
esos pies, que son ninfeas
reflejadas en el agua,
la nata blanca del busto,
tu silueta tan galana,
nada iguala loca euforia
que es el verte la mirada.
Quien recorre el mundo entero
va en tu busca, niña linda,
tu vericueto y misterio
persigue en China y en India,
desde grandezas helenas
hasta libre Amazonía;
pierde el tiempo, nada iguala
espejarse en tu pupila.
¿Cuántos pintores quisieron
la luciente porcelana
de tu sonrisa sutil,
en paisaje, en retratada?,
¿y cuántos soltaron el tiento,
el alma desesperada,
frustrados por el divino
portento de tu mirada?
Desde que me rechazaste
añoro tus pies sedosos,
la reseda que es mejilla,
senos, busto, cuello y hombros,
las caderas, muslos, vientre,
mas mi vida es calabozo
que sería paraíso
sólo con verme en tus ojos.

29

¡Ay, esteta de estos tiempos tan extraños!,
no llegamos, ni por pienso, a comprendernos,
arte a mí me suena como habilidad,
para usted el arte es un… no sé… ¿un pluzcuenso?;
¿que qué es eso?, no lo sé, ¡usted me dirá!,
pues ya ve: es eso, en fin, lo que yo siento.
¡Ay, el arte en la palabra de Gracián!
¡Ay, el arte aquél, aquello del ingenio!
Pero admito que me falta, es evidente,
lo que a usted le sobra, insigne, gran maestro:
no ando yo valiente en cuanto a inteligencia,
desde chico en eso me quedé pequeño,
no crepita en mi mollera ni una chispa,
sentimiento, formación, conocimiento,
que debiera yo tal vez volver al cole,
a ver si un poquito bien por fin me oriento.

30

¡Ah, mi aljófar de Eritrea
que perla el fondo del mar!,
pocos me saludan bien,
todos me desean mal,
y tú me borras el rostro
en tu memoria fugaz,
a la arena yo sucumbo,
al alud, la tempestad.
Braman las ventanas negras,
las demencias del mistral,
mezclo la noche y el día,
ambos son oscuridad,
si solicito socorro
el silencio es mi soñar,
exterminio el horizonte,
y un abrazo de volcán.

31

Se arrastra hasta tu portal
este Orfeo de remate,
al vitral le asesta un verso
y ése es todo el desenlace;
tus vecinos, ¡ay, mi honor!,
son testigos del dislate,
de tanta mofa y afrenta
sucumbiendo está tu fraile.
Si algún día me pillaras
vengarías el desplante,
mi díscolo atrevimiento,
mi locura, mi desmadre;
¿qué decir?, ¡cuánta vergüenza
acumulo en esta carne!,
¡cuánto mal, cuánta aflicción,
cuánto tósigo en la sangre!

32

Presencio cuánto aprecias y respetas
al ave de ciudad, palomas, picas,
se posa una lechuza en tu tejado
y al son de su ululato tú dormitas;
¡cómo podré ganarme tal respeto!,
la noche que espetaste: "No te quiero,
no te acerques a mí, no te soporto",
fue el día que empecé mi cancionero.
Ya sé que falta mucho, no decaigo,
si titubeo pienso en recompensas,
a lo mejor un día, si me esfuerzo,
concedas tolerarme la presencia;
es mucha mi ambición, mas soy valiente,
fracasaré, ¿crees que no me doy cuenta?,
pero no se me ocurre en esta vida
mejor un objetivo y noble meta.

33

Un Baco degradado, ruin, pedestre,
se amolda a tu tobillo, en celibato,
estatua de salitre en este puerto
abrazas irredento el estüario,
te pongo una esclavina en las espaldas,
ignoro si hago bien o es al contrario,
lo que sí sé es que, absorta, tú me ignoras,
más ebria por los barcos y las olas.
Si en algo soy yo sabio es en livores,
mas blancos son tus muslos tan turgentes
y perlas almacenas en tu sexo,
tus pechos son distantes y emergentes,
yo sueño que es tu rostro melancólico,
diademas infinitas en la frente.
Te pido desde aquí, sé mi verdugo,
aplasta la cabeza de este estúpido.

34

A veces me investigas silenciosa,
penetro por el húmido agujero,
confín será huracán, confío, espero,
paraje que me azote de placer;
por do caramelizas sinüosa
agito el útil, cálamo viajero,
me agoto en ser viril, por pasajero
en tus fuertes arzones de mujer;
los dedos se te enhiestan de repente,
tus pies se engarfan entre mis dos manos
y mírasme con ojos de serpiente;
beata bendición de ser humanos,
me río de la voz del sedicente
que quiere prescindir de estos arcanos.

35

No es el cuerpo tuyo, amante,
emoción y florecilla,
quien me trajo acá a tu orilla
para dejarla al instante;
moraré como habitante
de místico el sortilegio,
hay música en un arpegio,
¿sacrílego, vil, somero?,
amores de caballero
y siempre es Amor egregio.
Primero, amar tu belleza,
secunda amar tu ternura,
desvístome la armadura
y me rindo de una pieza;
no hay batalla ni hay tristeza
en el pincel de Pontorno
que hará hueco como entorno
a tu cuerpo en mi cuaderno;
te releeré en invierno,
sea este verbo un retorno.

36

No hay ocio, no es un vicio ni es lujuria
tenderte en la yacija,
doncella, sí hay amores
y copioso deseo de pericia
en alabarte, amarte y festejarte
cual magna creatura,
y luego emularé
esta enseñanza en cielos y bajuras.
Es gozo y no molicie,
no duelo, ni quebranto cuarentena,
los besos que te cubren
esperan resembrar la tierra entera;
instrúyeme, mi musa,
Erato de limpieza tan morena,
eres mi desafío,
no un loco desafío a la Cuaresma.

37

Cuando rejuvenezco muere usted
como si no pudiéramos hallarnos,
¡cuán cruel este deporte que de sed
amaga con perdernos, condenarnos!
Silencio esgrimo a ataques de su prez
e impreco loco cuando por amarnos
cabal ha renunciado sensatez
de usted, callada, ¡qué dolor llamarnos!
"¡Oh, ven!", resuena en montes y cañones;
"¡a mí!", por llanos, páramos, desiertos;
"¡mi amor!", por dédalos y construcciones,
"¡mi bien!", por desolados campos muertos.
Nos sobran, por supuesto, las razones,
estériles, sindiós, sesos abiertos.

38

Al olfato eres magnífica,
no tanto porque las flores
te imiten francas, sutiles
en su concento de olores,
como porque do apareces
se apresta gloria en loores
a arreciar por las esquinas,
recovecos y rincones.
A tu paso y a tu estela
se perfuman las prisiones,
que semejan un palacio
las más lóbregas pensiones,
y les llegan regalías
a los más macabros códices;
hueles como un libro nuevo
de viejas revelaciones;
¿y la Natura?, jardín es
de un globo civilizado,
la primavera pulsión es
de tus pétalos humanos,
yo investigo en los grimorios,
en tratados y bestiarios
materiales para el símil
sin confianza en encontrarlos.
En cuanto me rechazaste
perdí parte del sentido,
intento recuperarlo,
es vocación de este bicho,
voy apuntando en libretas
los aromas parecidos
a aquéllos que en el recuerdo
guardo yo, tesoro mío.

39

A aquel caballo poni, ¡qué ternura!,
¡con qué sincero amor lo acariciaste,
calmaste con tus dedos sobre el rostro
y luego su crinado cepillaste!
Claro que era tan guapo, tan bonito,
que cómo puedo yo aspirar a tanto,
debo ser realista, no soy niño,
adulto soy, aunque sea un espanto.
No pido yo tu amor, ni tu respeto,
tu diáfana misiva dejó claro:
"No quiero estar contigo, no te quiero",
tu juicio no cuestiono, es justo, acato;
pero echa un ojo, porfi, al cancionero,
¡tanto he sufrido y me ha costado tanto!,
quizá algún día aceptes mi presencia,
¿lo tirarás igual que mi breviario?

40

Yo sé que eres un ángel, no un demonio,
lo siento con tanta diafanidad
por larga mi experiencia, ¡abyecta edad!,
que al cabo redirijo todo encomio
y suelto lastre, lío y reconcomio;
resultas bella tras el torbellino
como una toga de liviano lino,
luciente, eterna, tal recién nacida,
el fruto del mundano y homicida
presea es troquelada en el platino.
En ti confío, pues en mí no hay fuerza,
destino es el allende do yacente
sobre un retal desnudo eres presente
sin duración que dúctil te retuerza.
No hay deformante pulsación que ejerza
el feble brazo mío, que es protervo;
podré desgañitarme, en siendo cuervo,
no soy rival para tu casto trino,
me he dado cuenta, y aunque mal afino
ufánome de ser tu amante siervo.

41

Yo fui ya moribundo,
no sé por qué salí de la agonía,
de entonces a esta parte
me vence a veces vida tan vacía,
y no logro llenarla,
insisto en que firmé la despedida,
en nada hallo deleite
y hasta la ciencia sabia asaz me hastía.
Y es que ya dije adiós,
pero, no sé yo cómo, no me fui,
mi adiós ya fue aceptado,
ya muerto y despedido sigo aquí;
¡si al menos tú, mi dueña,
pasaras este tramo junto a mí!,
no puedo yo obligarte,
¡qué largo y qué banal este morir!

42

Quien fía felicidad
a una orden, a una escuela,
incauta es alma locuela,
nada entiende de verdad,
que hermosa no existe edad
que dure, ni prado herboso
que verde perdure airoso
en este confín mundano,
en este redil humano
sin sentido ni reposo.
Yo la fío a ti, persona,
estoy aún aprendiendo
y el pasado tuerto enmiendo,
bella dama es mi corona,
dona vida y me perdona,
aúna en mi pensamiento
libertad, no aturdimiento,
agua limpia que depura,
poder no de sepultura,
y de espíritu alimento.

43

Si no es amor, ¿qué es esto que yo siento?
Si es otra cosa, ¿es de ángel o infernal?
Si es ángel, ¿por qué hiere y me hace mal?,
si es mala, ¿por qué clamo tan hambriento?
Si lo disfruto, ¿por qué me lamento?
Si me envenena, ¿qué gozo, mortal?
"¡Oh, mátame, renazca el animal!",
protesta mi falaz consentimiento.
Confieso que envejezco sin saber
por qué yo tan humano fui nacido,
por qué fui armado si voy a perder;
aquí me tienes, soldado y vencido,
suplico tu clemencia, ángel mujer,
te ruego una sentencia, estremecido.

44

No se mienta, frágil hombre,
si es un ángel, su luz blanca,
si es que es roja, ¡ciencia santa!,
es demonio, día y noche;
¡si lo sabe hasta un rapaz!,
¿por qué tanta contumelia?,
si envenena, es una mierda,
si le sienta bien, manjar;
no permita que lo aturda,
a su voz, oídos sordos,
que va recto hacia los hornos
quien lo escucha y se acostumbra,
su hedor es un adictivo
que invade cada pitera,
no lo empuje a la tronera,
cuerpo viejo, como a un niño.

45

Fíate del ángel, hombre,
no te fíes del demonio,
a la luz has de orientarte,
no comprendo yo tu asombro;
tu obcecación señoril
infantil es a mis ojos,
¿qué esperabas conseguir
de esa niña toda antojos?,
¿un hogar?, ¿la madurez?,
¿la ventura en desposorio?,
ni siquiera ya placer
te concede, calabozo,
consume tu ofrecimiento
y te sume en circunloquios
que te agotan, di si miento,
sé que es duro como epodo.

46

Saben a fresas silvestres
las cumbres de tus colinas,
un poco son acidosas,
picantes, acerbas, cítricas,
pero el regosto que dejan
es siempre todo dulzura,
rojas, redondas, pequeñas,
saben a deleite puras;
danzan, rotan, son traviesas,
me miran como dos flechas,
y las muerdo entre sonrisas,
y sus filos me penetran;
aperitivo nutricio,
entremés de grata especia,
allá donde se terminan
las lomas de la princesa.

47

Soy el pintor de la noche,
trabajo con luz de luna,
Licaón me tiene reo
y me ordena tunda a tunda
cada ocaso y sobretarde
a hacerle un retrato, y mucha
cautela, no vaya a ser
que luzca caricatura.
Yo sueño aquí, desvelado,
con el pincel en el monstruo,
que una noche no aparece
y aparece usted. Su rostro,
bajo luna y lucilina
de bujía, yo lo anoto,
un poquito en la memoria,
para siempre con el óleo.

48

Estas noches tan serenas
me tienen desconocido,
se me meten por las venas
y me hostigan abatido,
dime que no te he perdido,
que son delirios mis penas,
mientras suenan las sirenas
por este barrio dormido.
Demolidos mis andares
por esta ciudad marcida
arrastro, mas no hay lugares
que me den buena acogida,
mi mirada distraída
se extravía en mis pesares,
odio hogar y odio los bares,
maleante sin guarida.

49

¿Por qué soy feo, Señor?,
¿por qué me mira con asco?
Rezo por que ella consiga
contemplarme el entusiasmo;
no lo logra ni lo intenta
y van pasando los años,
el entusiasmo fallece
y este feo está cansado.
¡Maldición de haber nacido
débil, bello como un sapo!,
yo no quiero ya esta vida,
el Infierno del lagarto;
canto como una carraca
tras tanto mi esfuerzo humano,
casi nada he conseguido,
solitario muero en vano.

50

¿Qué haré? Campas, charrales,
son santüario mío y canto a Leto,
de haber a ti aspirado
arrastro mi condena en el desierto,
por estas soledades
¡ay, cuán abochornado yo me siento!,
¿cómo pensé siquiera
que tú me recibieras los requiebros?
¡Ay, pobre tundra helada!,
iríame gustoso muy más lejos,
la ofendo, mortifico,
pero no soy capaz, ¡es que no puedo!,
¿por qué yo no aprendí
a hablar, como el humano más mostrenco?,
denuesto mi pereza,
pero ya me perdí, ya no hay remedio.

51

Nunca hay victoria al final
del paso por este mundo,
se comprende cuando doblas
la cima de este confuso
teatro, y el laberinto
queda en un desierto bruto,
la inanidad de mi angustia
en soledad acumulo.
Tranquilízate, mi reina,
también tú vas a morir,
doma ya, por fin, tus miedos,
nada debes ya cumplir,
no eres joven ya, comprende,
de nada tienes que hüir,
ya corriste, ahora reposa
y respira junto a mí.

52

Cual veloces semifusas
que adornan un pentagrama
grabo tres flores radiantes
en tu cabello, mi dama,
un clavel, de cordobesa,
y una dalia americana
que llega en una galera
sobre un mar de porcelana;
falta la rosa de siempre,
siempre roja, como el alma
que interpreta bien su música
de palabra enamorada;
¿cómo es un clavel de oboes?,
¿cómo es una viola en dalia?,
¿cómo el rojo de una rosa
se traduce con la flauta?

53

La luz nunca se apaga en mi morada,
mis lámparas se encienden con memorias
de tu mirar, mis noches son victorias
de mi alta emperatriz contra la Nada;
corneta es una flauta enamorada,
dulcísima entre las artes cisorias,
tus armas van conmigo en palmatorias,
por siempre es la negrura derrotada;
me arman tu espada, tus flechas y lanzas,
¿quién puede vencer contra tu soldado?,
¿a qué vienen tan vanas esperanzas?,
¿por qué me ataca tanto el malhadado
que no ha sabido amarte?, ¿son venganzas
cobardes del hombre desesperado?

54

Yo ya estaba derrotado,
bergante en lamentaciones,
una ucronía malvada
me amputó los horizontes,
denegado el albedrío
por un hastío sin nombre,
tan cautivo como un diablo,
galeote en Aqueronte,
por una estepa embrujada
ya sin humo ni pasiones;
¿cuánto debo yo a tu aliento,
redimido de prisiones?,
¿qué sería de este exiguo
caricato feo, innoble?;
yo ya pretendí morir,
junto a ti renace un hombre,
Renacimiento eres tú,
me bautizas esta noche
con tu respirar de hechizo,
lento y suave, y brío insomne
amanezco a tu costado
por las calles de Vignole.

55

En busca parto de Goethe,
bajo el sol cabalga el tren,
dos días en Alemania,
dejo Italia en el andén;
¡oh!, ¿qué hiciste, siglo XX?,
¿por qué odiabas a mi amada?,
¿por qué sajaste su piel,
la redujiste a la nada?
No sabes cuánto te execro,
y a tus hijos, cruel canalla,
el verde no es de verdad
por los prados de Alemania;
Italia no es más que ruinas,
un camposanto sin almas,
patria que a patria retorna;
la belleza fue enterrada.

56

Veladuras escarchadas
te recaman, mi querida,
en aqueste amanecer
de los llanos de Castilla,
como un tepe interminable
que el horizonte acaricia
al tamiz de agua y rocío,
a esta luz tan mortecina,
aterida y delicada
te aproximas por oír
acendradas unas rimas.
Remite el helor del cuerpo,
es otra tu donosura,
que largo ha de ser el día
y no entero pristinura,
permíteme que te abrace
este paje, sin premura,
la luna lejos se esconde,
ya alzada tú me deslumbras,
que el valor es compatible
con dulzura, la dureza
con amor vigor procura.

57

Teatro, panorama, encaramado
a los escarpes crueles de Molise,
donde partí de Isernia tan donosa,
donde tamañamente yo te quise,
¡qué villa tan hermosa!,
y nunca me desdije,
como el rocío pende de la rama
de un puente mis abriles
del borde y arambol
sopesan porvenires imposibles;
sin voluntad de flores, sin amar,
entono el pensamiento inmarcesible,
el pensamiento eterno, triste y yermo,
cual péndulo pausado y sin origen,
y hiede para mí
gualda retama, un lecho un río virgen.
La vida de tu gesto,
de tus pupilas dijes,
siento de la montaña
estólidos confines,
colariza es experiencia sin entraña
y el canto otrora bello es hoy terrible,
nocivas y filosas oriflamas
de sables infantiles.
Mira conmigo, amiga,
asómate a vejeces y morires,
apenas un arroyo tu memoria,
apenas eres joven, eres libre,
a duras peñas, creo, me encamino
por los elíseos montes de Molise,
mira, madura el drama,
al fondo San Felice.

Si fuiste terne y guapa,
¿qué puede hoy importar a hombre tan simple?,
tus movimientos de llama torzal
han devenido en llaga, costra y quiste,
sangre es abajo el Trigno y arrapiezo
y coda su murmurio, que es un crimen,
confusión, amalgama
de violencias gentiles,
busco soga, telón,
futuro migratorio, como un cisne.

58

La mujer, si es libre, es una dama,
y trátase por dama a mujer libre,
de antiguo se conoce la ecuación,
las álgebras de hogaño son risibles;
ahora bien, en dama libertad
conquístase a través de inteligencia,
y entendimiento cuerdo en la mujer
halla premisa básica en prudencia.
Libre y prudente entonces es la dama,
valientes, libres, son los caballeros,
el arco de arquivolta carpanel
inercia es y solo viene luego.
Quien crea que esta fórmula es manida
costumbre desfasada y sin efecto,
que es una entre otras más, es un mendrugo
que en nombre de la vida hiede a muerto.

59

De Neda tu pezón
reclamo de este mundo asaz hastiado,
escucha mi oración,
no me dejes marrado
en esta tierra estéril, fracasado;
suplico, si nací
¿fue para ser difunto tan temprano,
tan vano junto a ti,
venero soberano
que a tantos irrigó libre y cercano?
Quizá te haya ofendido,
di al menos qué podría el muñidor
hacer, sólo te pido
tu verbo tan tutor
en un sucinto crédito de amor;
te juro que después
la vida te daré y sabré ofrecerte,
seré amante cortés,
plutónica mi suerte,
seré si te demoras niño inerte.

60

¡Oh, cándida ninfea,
doña Pentesilea,
sostengo yo su enteco
cadáver dócil de esbelta lamprea!,
¡cuán lloro!, rime el eco,
frasee a quien la alaba y la vocea.
Guerrera fue, feroz, atroz, no fea,
que igual mortal no vea
quien pisa este planeta sucio y lleco,
crin que igual centellea,
un iris como el suyo, que rancea,
cuello que amarillea
y tez que aun yerta es mar, fértil marea
que aturde a quien la surca y la desea.
Un homenaje, si soy noble y greco,
le debe la platea,
y no un banal meteco,
le debo, y mi fiel hueste lo corea,
ya Clío lo recuerde en su asamblea
y el bárbaro se pierda en patulea.

61

Mientras el serapeo se derrumba
irrumpen lejanías nestorianas,
rumores de saudades de estas tierras
recorren estos mundos en baladas;
mesanas, trinques y velas mayores
absorto vierto en galas oceánicas,
el Euro recio enfrento al infinito,
al páramo, la flor, ¿y a ti?, romanzas.
¡Qué frío mi cadáver cantarín
se erige polizón de galeazas!,
¡cuán serio un universo de arlequines
engasta el gesto tuyo por sus trazas!
Si me has abandonado, que así sea,
gaviota ya senil que zarpa y canta.

62

¿Quién soy? Veneras púrpuras
se lacran contumaces cuando paso,
mezquinas, si no mustias,
las azucenas háblanme en fracaso,
fïascos acumulo,
agraces y redruejo hay en mi fardo,
y si ancho miro al mar
me pierdo en su infinito desalmado;
desdén de Mitilene
de la obra y del quehacer he yo obtenido,
¿qué puedo yo ofrecer
si nadie quiere el fruto aquí ofrecido?,
a la puerta del templo
el mármol al langor no presta oído,
pregúntole "¿quién soy?"
y Egeo, lengua de olas, "un perdido".

63

¿Quién soy? Soy pulcra sangre
de un Claudio, me contaron cuando niño,
pero pienso que no,
allá por donde paso hay estropicio
tan magro, tan cuitado,
que debe ser falaz el credo mío,
¿cómo un ser tan cargante
saldría de venero noble y límpido?
Voy a amputar mis dedos,
será hacer por tu bien algún favor,
y a sacarme los ojos,
será mi más certero acto de amor,
voy a sajar mi lengua,
los dejaré en tu alféizar, mi primor,
y a echarme luego al monte
feliz, con los míos alrededor.

64

Parece que no sabemos,
que nos movemos con miedo,
que el dictamen de Artemisa
no ha olvidado nuestros feudos,
que preguntan mis caricias
si son gozo o son desmedro,
y que tus besos salvíficos
son de versos o de prosas,
el solfeo de esta luna tan hermosa
aprendemos de esta danza cadenciosa;
es tradición, no falsía,
nuestro inocente cuidado,
que te jura este rapsoda
que no existe exagerado,
que por algo se resiste
a perecer enterrado
por los siglos y las guerras,
por la crueldad de la Nada,
la lunática canción de la alborada
guardarás a salvo entera la jornada.

65

El padre a galernazos te destruye,
la niebla, lluvia, nieve y el granizo,
te prueba, tienta, aprendes y te instruye
y tú respondes cruel y advenedizo.
El hijo te acompaña en el camino
por entre los volcanes y batallas,
te ensoberbeces preso de tu sino,
te cuelgas insumiso las medallas.
Espíritu le exiges a la Nada,
conspiras a su espalda mil mentiras,
te erizas, gimes, quiebras la tonada
y dejas la palabra rota en jiras.
¿Y el nombre? Zarandeas esos labios
que Dios te regaló de enamorado;
jamás es tarde, escapa de resabios,
que tienes la belleza a tu cuidado.

66

¡Resultas tan graciosa y entrañable
al evitar pisar a las hormigas!,
el día que dijiste "no te quiero"
pensé por vez primera en mis amigas,
¡me cubren tan amables todo el cuerpo!,
¡tan industriosas viven en mis ojos!,
afectas, tan hermosas, generosas,
me acogen y me enseñan poco a poco,
me educan, me enderezan y mejoran,
tal vez si persevero yo consiga
el cariñoso trato que dispensas
a mis maestras, sabias pequeñinas.
Sabías que no sobreviviría,
¡pardiez si la certeza te importó!,
tasaste con buen tino lo que valgo,
quien te diga que no no seré yo.

67

Ser puede marzo escuro
y arrastrar tan derrotada la soltura
que hasta al ciprés más duro
lo humille su conjura
ya yerto en mármol, yerma sepultura;
y, en fin, soy yo marcino,
acósame la lámpade temible,
soy árido asesino
de tiempo bonancible,
sé que te he defraudado irredimible;
lo siento, amada mía,
hasta que me reviento las costuras
aprieto con porfía
las manos y son huras
mis ojos de torcidas creaturas,
pero soy incapaz,
no crece en este marzo ni una flor,
suturo, mas falaz,
un manto de esplendor
que engaña, no es de dicha, es de dolor.

68

El divorcio es un fracaso,
el aborto una desgracia,
es por eso que una ley
debe haber, lo más sensata
que se pueda formular,
concreta, flexible, práctica,
que nos sirva un poco a todos
en tan perdularia andanza.
Como todis comprendemus
la misión encomendada
de casi ningún divorcio
adolece nuestra patria,
¿y abortos?, casi ni existen,
una hambruna superada,
lo arregló todo la ley,
ya es leyenda, una antigualla.

69

¿Cómo colores tan vivos
puedes lucir en la tez?,
¿quién reconvierte en zafiros
pan y vino, néctar, miel?
El sentido del milagro
busco cada amanecer,
del rubio de tu corona
y el rubí que mi pincel
busca en la naturaleza,
fragosa en su bisoñez,
y textura de vitral
testifico con placer,
yo, tan mustio, apagadizo,
en sombras de mi taller;
mas fracaso, ¡cuán frustrada
tentativa cada vez!

70

Su nombre es tan agradable
que quién lo hiciera visible,
solitario el miserable
lo recita hondo, apacible,
es el momento temible
comprobar cuán improbable
es que usted me mire y me hable,
sentiríame invencible;
yo lo declamo dormido,
dormiré toda la vida,
¡ah, quién fuera su marido
en vez de un bala perdida!
La mañana, condolida,
vence a mi postrer aullido,
es mi nombre sólo un ruido
en mi mente dolorida.

71

Mármol de la Santa Cruz,
no retires mis espinas
ni me afeites con adobos
el cuero de animaviva,
prefiero que te dediques
a eternizar a mi niña,
a mi amada, a mi mujer,
¡salga de mi fantasía!;
que yo quiero contemplarla,
por su carne fluya vida,
mármol, tíñete arrebol,
fecunde esta calle mía,
que no sepa que es mi voz
la autora de su alegría,
porque sé que me desprecia;
me da igual, si es por su dicha.

72

Licaón no es mi cofrade,
compartimos territorio,
él me tiene esclavizado,
de la noche soy escombro,
por los cruces y las palcas
reparto mi repertorio
de cantigas y baladas,
agresivo el auditorio.
Quizá si usted se pasara
por nocturnales senderos
escucharía al desgaire
alguno de mis *tequieros,*
pero las buenas muchachas,
es sabido, duermen lejos,
nunca vienen por el bosque
de lobo y sepulturero.

73

Las damas, va de suyo, son prudentes,
pues pasa por prudencia libertad,
en condición de fémina es la máxima
que, eterna, no se puede violentar;
libre y prudente, pues, se dice "dama",
valiente y libre suma "caballero",
igual que libre clama a libertad
el mero devenir resulta acuerdo.
No es vana, antigua fórmula azarienta
que pueda confundirse entre otras tantas,
sobrevenida de vacuas costumbres
que ¡válgame el buen Dios! se juzgan malas;
necios ha habido siempre, por supuesto,
antaño al necio no se lo escuchaba,
tan sólo eso ha cambiado en nuestro tiempo:
exprésate si quieres, en tu casa;
¿experimentos locos de dementes?,
entre cuatro paredes y con agua.

74

¡Qué bella fue mi dama, qué elegante!,
se asoma a un calcinado acantilado,
templado océano, azur ensoñado
que firma espúmeo relieve Atlántico;
juré yo no volver
y vírgulas gasté sin más reparo,
zarpé gaviota flecha
por siempre, por morir en mis espacios.
Según avanza el ferri
la veo saludar, blanca, esperando,
vestida tan liviana,
como una pincelada, tiento cándido,
y mástiles de Plymouth
en veleros enmarcan mi pecado,
aún esbelta, a la misma vestecha,
con llanto enamorado;
¡oh, mi dama inocente!,
regreso y he fallado,
no entiendo yo por qué
con tal denuedo sigues esperando,
corsario inverecundo,
qué poca vida, nada te he entregado,
cuán mi alma es ruin, estrecha,
y el pecho tuyo es ancho;
distingo tu radiante quitasol
y la cabeza agacho,
alumbre es tu vestido
y el gesto tuyo amargo,
¿podré sobrevivir sin penitencia?,

de sal y té me embriago,
aguanta célica, firme, derecha
como la vela de un toisón galáctico;
yo no tengo perdón,
lo sé, lo siento, he vuelto y soy dïablo,
te quiero ver fantasma,
plegarias tristes canto,
y rézote, mi dama
grácil, sin entusiasmo,
le pido a Dios que confunda la fecha
de la llegada de este enfermo barco.

75

¿Quién fui? Me da vergüenza
cohabitación con la ciudadanía,
ella tan acendrada
y yo tan repugnante sabandija,
traté yo de emularla,
sofisticada, refinada y limpia,
¿mas cómo ameba asténica
tan reverenda alteza lograría?
Como al Estilicón
permea mi vandálica factura,
me mudaré a un fosal,
lo mío es convivir con sepulturas,
perdóname el haberte
hablado, temeraria es la locura,
se va quien entre coros
balita, gañe, otila y más rebuzna.

ÍNDICE